AF450352

FRAGMENS,

COMPOSÉS DES ACTES

D'ISMENE,

DE TITON ET L'AURORE,

ET

D'ÆGLÉ.

REPRÉSENTÉS.

PAR L'ACADEMIE ROYALE DE MUSIQUE,

Le Jeudi, 18 Février, 1751.

PRIX XXX SOLS.

AUX DEPENS DE L'ACADÉMIE.

A PARIS, Chez la V. Delormel & Fils, Imprimeur de ladite Académie, rue du Foin, à l'Image Ste. Geneviéve.

On trouvera des Livres de Paroles à la Salle de l'Opéra.

M. DCC. LI.

AVEC APPROBATION ET PRIVILEGE DU ROY.

ACTEURS CHANTANS

Dans les Chœurs.

<table>
<tr><td colspan="2">CÔTE' DU ROI.</td><td colspan="2">CÔTE' DE LA REINE.</td></tr>
<tr><td>Mesdemoiselles.</td><td>Messieurs.</td><td>Mesdemoiselles.</td><td>Messieurs.</td></tr>
<tr><td>Dun.</td><td>Lefebvre.</td><td>Cartou.</td><td>Gratin.</td></tr>
<tr><td>Tulou.</td><td>Le Page, C.</td><td>Rollet.</td><td>Le Messe.</td></tr>
<tr><td>Delorge.</td><td>S. Martin.</td><td>Daliere.</td><td>Bertrand.</td></tr>
<tr><td>Larcher.</td><td>Dun, fils.</td><td>Masson.</td><td>Dumats.</td></tr>
<tr><td>Cazeau.</td><td>Gélin.</td><td>Chefdevile.</td><td>Hordé.</td></tr>
<tr><td>Le Tourneur.</td><td>Fel.</td><td>Gondré.</td><td>Levasseur.</td></tr>
<tr><td>Lablotiere.</td><td>Bourque.</td><td>Hery.</td><td>Chapotin.</td></tr>
<tr><td>La Croix.</td><td>Duchenet.</td><td>Folliot.</td><td>Favier.</td></tr>
<tr><td>Sallaville.</td><td>Rochette.</td><td>Sommervile</td><td>Feret.</td></tr>
<tr><td></td><td>Le Roy.</td><td>Duval.</td><td>Touchain.</td></tr>
<tr><td></td><td>Selle.</td><td></td><td>Cardinet.</td></tr>
<tr><td></td><td>Roze.</td><td></td><td>Du Perrier.</td></tr>
</table>

I S M E N E,

PASTORALE HEROÏQUE,

DONNÉE A VERSAILLES.

En 1747 & 1748.

Mise pour la premiere fois au Théâtre de l'Académie Royale de Musique, le Vendredi 28 Août 1750.

Et reprise, le Jeudi 18 Février, 1751.

PREMIERE ENTRÉE.

Les Paroles *font* de *M. DE MONCRIF*, *Lecteur de la Reine ; l'un des Quarante de l'Académie Françoise , & de l'Académie Royale des Sciences & Belles-Lettres de Berlin.*

La Mufique eft de Mrs. *REBEL* ET *FRANCŒUR , Sur-Intendans de la Mufique de la Chambre du Roi, & Infpecteurs de l'Académie Royale de Mufique.*

ACTEURS.

ISMENE, *Nymphe*,   Mlle. Coupée.

DAPHNIS, *Berger*,   M^r. de Chaffé.

CLOÉ, *Bergere*,   Mlle. Jaquet.

CHŒUR de BERGERS & de BERGERES.

TROUPE de FAUNES & de PASTRES.

A ij

PERSONNAGES DANSANS.

Premier Divertiſſement.

BERGERS, BERGERES.

Mlle. PUVIGNÉE.

M^{rs}. Hamoche, Le Lievre, Bourgeois.

Mlles. Puvigné, m. Brîſeval, Sauvage.

Second Divertiſſement.

FAUNES ET DRYADES.

M^r· VESTRIS.

M^{rs}. Dupré, Feuillade, Laval.

Mlles. St Germain, Beaufort, Bellenot.

PASTRES.

M^r. DE LANY.   Mlle. DE LANY.

M^{rs}. Beat, Gobert.

Mlles. Dazenoncourt, Victoire.

ISMENE,

PREMIÉRE ENTRÉE.

Le Théâtre repréſente un Bocage. On voit au fond la Statuë du Dieu Pan, & dans l'un des côtés, un Temple.

SCENE PREMIERE.

DAPHNIS.

ÉPHIRS, aimables fleurs, & vous claire fontaine ;
Vous m'avez vû cent fois ſuivre les pas d'Iſmene ?
Apprenez lui mes feux, qu'ils puiſſent la toucher.

Daphnis , dût-il nourrir une tendreſſe vaine ,
Au penchant de ſon cœur ne veut point s'arracher.

Viens , vole Amour , parle toi-même ;
Fais triompher l'ardeur dont je ſuis en-
     flammé ;
Si je ne puis me croire aimé ,
Je ne dirai jamais que j'aime.

Viens , vole , Amour , parle toi-même ,
Fais triompher l'ardeur dont je ſuis en-
     flammé.
Mais je ſens que le Dieu m'éclaire...

A la Beauté la plus ſevére ,
Par un détour ingenieux ,
On peut peindre & voiler ſes feux ;
C'eſt à la fois, s'expliquer & ſe taire.

Iſméne vient , Amour favoriſe mes ſoins :
J'attendrai le moment de la voir ſans témoins.

SCENE II.

ISMENE, CLOÉ, Bergers & Bergeres.

C L O É.

Votre félicité belle Iſmene m'eſt chére ,
J'aime à voir qu'en ces lieux , tout s'empreſſe à vous
     plaire.

Dans les jeux que pour vous on prend soin de former,
Vos talens enchanteurs vous font mille conquêtes :
Ce fut pour couronner votre art de tout charmer,
Que l'Amour inventa nos fêtes.

Veut-on offrir, au plus aimable objet,
Les premiers dons que le Printems raméne?
La Bergere la plus vaine,
Malgré soi, dit en secret :
Ah ! Ce prix est pour Ismene.

Mais nos jeux en ce jour ne peuvent vous flater ?

ISMENE.

Jadis, le Dieu des bois, dans ce lieu solitaire,
Du destin des Amans dévoiloit le mystere,
J'ai besoin de le consulter.

CLOÉ.

Eh par quel miracle,
Ce divin Oracle,
Rendroit-il votre sort plus doux ?

LE CHŒUR.

Qui vous voit vous adore ;
Vous nous enchantez tous.

Peut-on former des vœux encore,
Quand on est belle comme vous ?

8   I S M E N E,
C L O É.

Qui vous voit, &c.

L E C H Œ U R.

Qui vous voit, &c.

C L O É.

Le même jour raméne parmi nous,
La fête d'Ismene & de Flore.
Qui vous voit, &c.

L E C H Œ U R.

Qui vous voit, &c.

C L O É.

Nos demi-Dieux avec un soin jaloux,
Ont placé votre image au Temple de l'Aurore.

L E C H Œ U R.

Qui vous voit, &c.

C L O É.

Peut-on former des vœux encore
Quand on est belle comme vous ?

L E C H Œ U R.

Qui vous voit vous adore,
Vous nous enchantez tous. *On danse.*

I S M E N E.

I S M E N E.

Dieu des ames,
Quand tes flammes
En secret regnent sur nous :
Quel martyre,
Pour détruire
Un enchantement si doux !
On soupire,
On veut lire,
Dans le cœur de son Amant :
Tant de peine
Ne nous méne
Qu'à l'aimer plus tendrement.

On danse.

C L O É.

Vous voulez en ces lieux former des vœux secrets ?
Nous reviendrons bientôt célébrer le succès.

S C E N E III.

I S M E N E.

O Vous ! Qui nous fites entendre
De l'obscur avenir l'inévitable loi ;
A Daphnis, en secret, j'ai destiné ma foi ;
Dites-moi si son cœur est tendre ;

B

Mais gardez-vous de me l'apprendre
Si c'eſt pour une autre que moi :

Quelque route que je prenne
Je le rencontre au matin ;
S'il eſt des fleurs dans la plaine,
Il en ſéme mon chemin :
L'air qui me plait davantage,
Aux Echos de ce bocage
Il le chante tout le jour ;
Mais Daphnis, regret extrême ?
Ne m'a point dit je vous aime :
Non, Daphnis n'a point d'amour.

A la fête de l'Aurore
Je quittai bien-tôt les jeux :
Il danſa, dit on, encore ;
Mais l'ennui peint dans les yeux :
Il ſuivit bien-tôt mes traces ;
Je fus au Temple des Graces,
Il parut dans le moment.
Mais Daphnis, ſurpriſe extrême ?
Ne me dit point je vous aime.
Non, Daphnis n'eſt point amant.

On vient. Ah ! C'eſt lui-même.

SCENE IV
ISMENE, DAPHNIS.

ISMENE.

Quel dessein vous attire en ce bois écarté ?

DAPHNIS.

J'y viens rêver en liberté.

ISMENE.

Vous ! Rêver ?

DAPHNIS.

Je formois d'agréables chimeres :
C'est ma seule félicité.

ISMENE.

Quoi ! Des erreurs vous font elles si cheres ?
Votre bonheur fera peu de jaloux ;
Comment peut-on céder au charme des mensonges ?
C'est fuir des biens cent fois plus doux,
Pour s'égarer avec les songes.

L'erreur qui séduit.
Aisément s'envole ;
Le réveil détruit
Un bien si frivole.

Votre bonheur, &c.

B ij

ISMENE,

DAPHNIS.

J'imaginois une Beauté
Par un jeune Berger suivie :
Lisis.... c'est le Berger, la Nymphe, c'est Zélie.
Mais quoi ce récit inventé
Peut-être déja vous ennuie ?

ISMENE.

La peinture des tourmens ;
Ou du bonheur des Amans,
N'est jamais indifférente :
Sont-ils dans l'attente
D'un destin heureux,
Avec eux,
On s'impatiente.

Oui vous m'interessez, Daphnis,
Parlez.... Hé bien, Lisis ?....

DAPHNIS.

Il éleve un Autel où la Reine des roses
Régnoit sur mille fleurs nouvellement écloses ;
A sa voix, d'une Lyre unissant les doux sons,
Des charmes de Zélie il célébroit l'empire.

ISMENE.

N'auriez-vous point retenu ses chansons ?

DAPHNIS.

Sans peine je puis les redire.

Traçons d'une Venus nouvelle
    L'heureux tableau :
A mesure qu'il est fidele,
    Il est plus beau :
Quand il enchante, on ne peut craindre
    Qu'il soit flaté ;
A peine l'art va jusqu'à peindre
    La vérité.

I S M E N E.

Il cessa de chanter ? Ah Daphnis quel dommage !

D A P H N I S.

Si la Chanson vous plaît, il chanta davantage.

    Celui qui bravant l'esclavage
        A pû la voir ;
    Contre un autre écueil fait naufrage,
        Sans le prévoir ;
    Au doux penchant qui vous attire
        En l'écoutant ?
    On croit seulement qu'on admire ;
        On est Amant.

I S M E N E.

Le portrait est charmant.... Consentez je vous prie
    Que la Nymphe l'ait entendu.

D A P H N I S.

Sans doute le Berger avoit joint sa Zélie.

I S M E N E.

Je crois imaginer ce qu'elle a répondu.

» Quand il feroit fincere
» Ce portrait enchanteur ;
» D'une fidele ardeur
» Cette preuve eft légere.

Ah ! Demandez à plus d'une Bergere,
Un éloge flateur
Eft moins fouvent le langage du cœur,
Qu'un art trompeur de plaire.

D A P H N I S.

» Non, s'écria Lifis, quelle injuftice, ô Dieux.
» Quand c'eft vous qu'on adore ;
» Ne peut on vanter ces beaux yeux,
» Et tout l'amour qu'ils font éclore ?
» Quand c'eft vous qu'on adore,
» L'Amant qui l'exprime le mieux,
» Le fent mille fois mieux encore.
» Mais Lifis connoît trop qu'il doit fuir vos attraits.

I S M E N E.

Lifis fuiroit Zelie ? Hé ! Quel dépit l'infpire ?

D A P H N I S.

Il prouve fon amour par mille foins difcrets ;
En douter c'eft lui dire
Je ne vous aimerai jamais.....

Vous n'imaginez plus ce que la Nimphe penfe ?

ISMENE.

Je la crois interdite.... Et confultant fon cœur.

DAPHNIS.

Et ce cœur, il n'a donc que de l'indifférence ?

ISMENE.

Peut-être du Berger il accufe l'erreur.

DAPHNIS.

Quoi ; l'erreur ! Que ce mot pour Lifis a de charmes ?
Un efpoir enchanteur adoucit fes allarmes.

Daphnis aux genoux d'Ifmene.

Il tombe à fes genoux ! Ah ? connoiffez mes feux.....

Les Bergers paroiffent.

Ciel ! On vient.

ISMENE.

Achevez.

DAPHNIS.

On annonça des Jeux,
Lifis défefperé fut contraint de fe taire. ...
Hé ? Que penfoit Zelie en ce moment fâcheux ?

ISMENE.

Elle partageoit fa colere.

On danfe.

SCENE V.

ISMENE, DAPHNIS, CLOÉ, BERGERS,
Bergeres, Faunes & Pastres.

CLOÉ.

L'Oracle a-t'il parlé ! Sans doute dans ce jour
Le Deſtin à vos vœux n'oppoſe point d'obſtacles ?

ISMENE.

Je n'ai conſulté que l'Amour
C'eſt le plus charmant des Oracles.

Daphnis, je vous choiſis, vous êtes mon vainqueur.
Mais que dis-je choiſir, j'obéis à mon cœur,
Oui Daphnis, je vous aime.

DAPHNIS.

Aveu charmant ! Félicité ſuprême :
Un ſeul mot a rempli les vœux que je formois.

ISMENE.

Depuis long-tems je vous aimois.

DAPHNIS.

Dans votre cœur je n'oſois lire.

ISMENE.

Depuis long-tems je vous aimois,
Qu'il me tardoit de vous le dire !

ENSEMBLE.

ENSEMBLE.

Du tendre amour j'ignorois le pouvoir
Ce Dieu triomphe dans mon ame.
Ah ! Que j'aime à vous devoir
Le doux tranfport qui m'enflame.

ISMENE.

Amours, Plaifirs & Jeux,
Regnez troupe riante,
Que tout chante
Dans ces lieux.
Amours, &c.

On danfe.

CLOÉ.

Que tout chante
Dans ces lieux.
Ifmene eft charmante.
Daphnis eft heureux.

LE CHŒUR.

Que tout chante, &c.

On danfe.

DAPHNIS.

Vous qui voulez charmer
Voici tout le myftere :
Songez moins à plaire,
Qu'à bien aimer.

C

Amant
D'un objet charmant,
Sa seule présence
Payoit mon tourment :
Perdant avec constance
Les soins que j'offrois,
Du moins je l'adorois.

Vous qui voulez charmer, &c.

Belle Ismene
Quelle chaîne
Sort plein d'attraits :
Heureux désormais
Nos jours vont couler en paix.

Vous qui voulez charmer
Voici tout le mystere :
Songez moins à plaire
Qu'à bien aimer.

On danse.

FIN DE LA PREMIÉRE ENTRÉE.

APPROBATION.

J'Ai lû par ordre de Monseigneur le Chancelier, un Ballet en un Acte, intitulé *ISMENE*, & n'y ai rien trouvé qui ne soit digne de l'impression & de la réputation de l'Auteur ; Fait à Paris, ce 22 Août 1750.

FONTENELLE.

TITON
ET
L'AURORE,
BALLET,
DONNÉ A VERSAILLES
En 1750.

Et mis pour la premiere fois au Théâtre de l'Academie Royale de Musique le Jeudy 18 Février 1751.

SECONDE ENTRÉE.

C

Les Paroles de Monfieur *ROY*, Chevalier de
l'Ordre de Saint Michel.

La Mufique de Monfieur **DE BURY**, Maître
de la Mufique de la Chambre du *ROY*.

SUJET.

TITON aimé de *l'AURORE*, fût rajeuni par *HEBÉ*. On le suppose vieilli dès sa jeunesse, par la vengeance du *SOLEIL*, Amant rebuté de *l'AURORE*, & odieux à *VENUS*, dont il avoit découvert l'intrigue avec le Dieu *MARS*.

ACTEURS.

HEBÉ.	Mlle. Le Miere.
TITON.	M^r. Jeliote.
L'AURORE.	Mlle. Romainville.
LE SOLEIL.	M^r. Le Page.

NYMPHES ET SUIVANS D'HEBE'.

PERSONNAGES DANSANS.

Premier Divertissement.

SUIVANTES D'HEBÉ.

Mlle. PUVIGNÉE.

Mlles. Courcelle, Dazenoncourt, Desirée,
Deschamps, Courar, Couppé.

Second Divertissement.

NYMPHES & ZÉPHIRS.

Mlle. CAMARGO.

M^r. TESSIER, Mlle. LABATTE.

M^{rs}. Hamoche, Feuillade, Caillé, le Lievre,
Bourgeois, Gobert, Sevestre & Mergerie.

TITON ET L'AURORE.
SECONDE ENTRÉE.

Le Théâtre repréfente les Jardins d'HEBÉ.

SCENE PREMIERE.

TITON endormi , HEBÉ, NYMPHES.

HEBÉ alternativement avec le CHŒUR.

LEs Zéphirs & les Amours
Sont du même âge :
Les uns donnent les beaux jours,
Les autres en montrent l'ufage.

On danfe.

LE CHŒUR.

Les Zéphirs & les Amours
Sont du même âge , &c.

H E B É.

L'empire heureux des Plaifirs
Releve de la Jeuneffe,
Les Plaifirs volent fans ceffe
Au devant de fes défirs.

LE CHŒUR.

Les Zéphirs & les Amours, &c.

H E B É.

Les jours nous font des momens
Dans cette heureufe retraite :
Et rien ne nous inquiete,
Que le choix des amufemens.

On danfe.

HEBÉ aux NYMPHES.

Venus le veut, ne fongeons qu'à lui plaire ;
Secondez-moi, Venus préfide à ce myftere.

On danfe.

Des Lys & des Rofes fortent de terre.

Ces Rofes & ces Lys, qui naiffent à l'inftant,
Sont un préfage heureux du fuccès qui m'attend.
Venus préfide à ce myftere.

On danfe.
Elle

Elle éveille TITON.

Le charme est fait. Titon, rendez graces aux Dieux.

T I T O N.

Où suis-je ? Quel charmant azile !
Tout y rit, l'Elisée est offert à mes yeux.
Le sommeil jusques dans ces lieux
Auroit-il pû m'ouvrir un chemin si facile ?
Non , je respire. Un sang & plus pur & plus doux
Coule & bouillonne dans mes veines.
Quelle main de la Parque a repoussé les coups ?
Quel Dieu répare ici mes peines ?

H E B É.

Le temps suspend pour vous la rigueur de ses droits,
Hebé vous rend la brillante jeunesse :
Un pouvoir souverain à vos jours l'intéresse,
Les Plaisirs avec vous renaissent à ma voix.

L E   C H Œ U R.

D'un prodige nouveau consacrons la mémoire.
Chantons Hebé, chantons sa gloire.

T I T O N.

Accablé d'un tourment affreux,
Victime avant le temps d'une langueur cruelle,
Toujours brûlé des mêmes feux
Pour une adorable Immortelle,

B

J'avois perdu les traits qui plaiſoient à ſes yeux;
Déſeſperé, jaloux, à moi-même odieux,
  Je venois expirer loin d'elle.

H E B É.

Vous jaloux ! Qui troubloit une flâme ſi belle ?
Quel Rival ?

T I T O N.

  Le Soleil, qui ne veillit jamais,
  Dont la ſplendeur toûjours nouvelle
Aux regards de l'Aurore étale trop d'attraits.
S'il faut que ſans retour elle me ſoit ravie,
Ah ! Que me ſerviront la jeuneſſe & la vie ?

H E B É.

N'eſt-il plus de Beautés dignes de votre choix ?

T I T O N.

Titon ne revivroit que pour être infidelle !

  Non, l'on aime qu'une fois ;
  En vain le dépit rebelle
  Offre une chaîne nouvelle.
L'Amour punit les cœurs de l'abus de ſes loix.
  Non, l'on aime qu'une fois.

H E B É.

Venus hait le Soleil avec trop de juſtice,

Venus peut contre lui favorifer vos vœux.
Une fi pure ardeur mérite un fort heureux :
C'eft pour fervir Venus qu'Hebé vous eft propice.

TITON.

Retrouverai-je enfin le cœur que j'ai perdu ?

HEBÉ.

Vous lui pourrez du moins parler de votre flâme.
De l'éclat qui vous eft rendu
Jufques fur fes regards le charme répandu
Abufera fes yeux, vous lirez dans fon ame.
Mais Venus difpofe des cœurs,
Venez à fes Autels implorer fes faveurs.

LE CHŒUR.

O Mere des Plaifirs! Venus, fais-les renaître
Après les tourmens rigoureux :
O Venus! Daigne rendre heureux
Le cœur le plus digne de l'être.

Tous vont au Temple de Venus.

SCENE II.

L'AURORE descendant de son Char.

ARrêtons-nous dans ces beaux lieux.

Echos, répétez-moi ces sons mélodieux,
Dont le charme flateur soulageoit ma tristesse.
Tous les climats m'étoient devenus odieux,
    Mais un penchant secret me presse :
    Mon cœur lui cede, il fixe ici mes yeux.
Echos, répétez-moi ces sons mélodieux,
Dont le charme flateur soulageoit ma tristesse.

Te chercherai-je en vain, Objet de ma tendresse ?
    Tu crains mon inconstance, hélas !
Tu me l'as dit cent fois : qu'un tel soupçon me blesse !
    D'une Mortelle aurois-je la foiblesse ?
Tes traits ont beau changer, mon cœur ne change pas.

Mais le Soleil vers moi précipite ses pas.

SCENE III.
LE SOLEIL L'AURORE.

LE SOLEIL.

ME fuirez-vous toujours, impatiente Aurore ?
Rien n'eſt égal au feu qui me dévore,
Que vos froideurs & vos attraits.
Je vole, ſans pouvoir vous atteindre jamais.

L'AURORE.

La loi du Deſtin nous ſépare ;
Elle nous aſſervit à des emplois divers,
Quand ma courſe finit, vous régnez dans les airs :
Je vous annonce, je prépare
Les biens, que vos rayons donnent à l'Univers.

LE SOLEIL.

Lorſque la nuit étend ſes voiles ſombres,
Vos travaux & les miens demeurent ſuſpendus :
C'eſt aux Amours que ces momens ſon dûs ;
Reclamerai-je en vain le ſecours de ſes ombres ?

L'AURORE.

Elles doivent vous rendre au vaſte ſein des flots.

LE SOLEIL.

Que Neptune m'invite aux douceurs du repos,
Qu'importe ? Loin de vous quel repos puis-je
 prendre ?

L' AURORE.

Sur le mien ceffez d'entreprendre,
Ne me prodiguez plus un inutile amour.

LE SOLEIL.

Quoi ! Vous m'ôtez tout efpoir de retour !

L'implacable Venus me reproche une offenfe,
De fes coupables feux le miftère furpris ;
 Il ne manquoit à fa vengeance ;
 Que de m'attirer vos mépris.

 Ah ! Que je fuis jaloux des larmes,
 Que vous répandez fur les fleurs.
Infenfibles Objets de fi cheres faveurs :
Mon cœur feul méritoit d'en goûter tous les charmes.

L' AURORE.

Vous n'ignorez pas mes douleurs,
Vous ne fçavez que trop pour qui coulent mes pleurs.

LE SOLEIL.

Je voulois l'oublier. Une fiere Déeffe
Peut-elle d'un Mortel écouter la tendreffe ?

Mais il ne verra plus les pleurs que vous verfez.

L' *A U R O R E.*

Je vois jufqu'où vous pouffez
Une aveugle jaloufie.
Vos traits brûlans, vos traits fur lui lancez
Auront peut-être éteint fa vie.
Dieu cruel, ne crois pas jouir de tes forfaits,
Je le pleure, je l'aime, autant que je te hais.

L E S O L E I L.

Hélas! Quelle eft la récompenfe
Des plus fideles ardeurs!
Faut-il, cruel Amour, n'éprouver ta puiffance,
Que par l'excès de mes malheurs?

SCENE IV

L' A U R O R E.

LE doux Printems fixé dans ces Bocages,
Ces Ruiffeaux argentés, ces renaiffans feuillages,
Tout nous annonce Hebé, tout marque fon féjour:
Le Tems n'ofe en ces lieux exercer fes ravages,
Tandis que le barbare épuife fes outrages
Sur l'Objet de mon tendre amour.

SCENE V.
TITON, L'AURORE.

TITON, ſans voir l'AURORE.

IL eſt temps de partir... Quelle vive lumiere
M'environne de toutes parts ?

à L'AURORE.

Quoi ! La Divinité qui de la terre entiere
Attire les premiers regards,
L'Aurore arrête ici ſa rapide carriere.

L'AURORE, à part.

Que vois-je ? Eſt-ce un Mortel ? Qu'els aimables
accens !
D'où vient que ſon aſpect trouble & ſéduit mes ſens?

TITON.

C'eſt à la jeune Hebé qu'eſt ſoumis cet azile,
De vos divins regards jouira-t-il longtems ?

L'AURORE.

Il pourroit m'arrêter, ſi j'étois plus tranquile.

TITON.

Vous voyez quels ornemens
La Terre ici fait éclore ;

Ne

Ne femble-t-il pas que Flore
Y commande aux Elémens ?

L' A U R O R E.

Loin de l'Objet qu'on adore
Eft-il quelques lieux charmans ?

T I T O N.

Ah ! Je fuis pénetré des mêmes fentimens.

L' A U R O R E.

Vous aimez donc ?

T I T O N.

Quel cœur aima jamais de même ?

L' A U R O R E.

Et fans doute on répond à vos empreffemens.

T I T O N.

Ah ! Plût aux Dieux ! Peut-être aux pieds de ce que j'aime
Vais-je encor m'expofer à de nouveaux tourmens.

L' A U R O R E.

Craignez-vous de trouver une amante infidelle ?

T I T O N.

Elle avoit droit de l'être , hélas !

C

Et le fort ne me laiffoit pas
De raifons de me plaindre d'elle.
Il ne me reftoit plus d'efpoir , que le trépas.

L' A U R O R E.

Pourfuivez , chaque mot m'intéreffe à vos peines.

T I T O N.

Des Aftres ennemis les rigueurs inhumaines
     Me confumoient en vains regrets ,
     Mon fang fut glacé dans mes veines ,
     Je fuyois au fonds des forêts
Les regards des humains , le criftal des fontaines ,
     Je déteftois la lumiére du jour :
     Si la Beauté , dont j'adore les charmes ,
     A mes malheurs donnoit des larmes.
La pitié les verfoit , ce n'étoit pl us l'amour.

L' A U R O R E, à part.

Sur plus d'un Malheureux le fort tourne fes armes...

à T I T O N.

Tout me rappelle ici l'objet de mes allarmes ,
J'entrevois même en vous quelqu'ombre de fes traits.
Trop vaine illufion ! Je le perds pour jamais ;
Mais vous , vous jouiffez de l'éclat du bel âge.

T I T O N.

De la divine Hebé ce prodige eft l'ouvrage.

L'AURORE.

Quel efpoir pour vos feux ! Tout rit à vos fouhaits.
Que vous plairez encor ! Qu'heureufe eft votre
      amante !
Dieux plus cruels pour moi, je ne demande pas
Qu'on me rende Titon avec tous fes appas,
Non, je ne veux de lui, que fa flâme conftante.

TITON.

Titon ! Que dites-vous ?

L'AURORE.

      Mon défefpoir affreux
Vous laiffe-t'il douter de ma tendreffe extrême ?
    Sans lui, l'immortalité même
   Neft qu'un long fupplice à mes yeux.

TITON, *à fes pieds.*

   Ah ! C'en eft trop, belle Déeffe,
Le bonheur de Titon égale fa tendreffe.

L'AURORE.

Eft-ce vous, cher Amant, eft-ce vous que je voi ?
Quel heureux jour fuccéde à ma longue trifteffe !

TITON.

Mes maux font trop payés du prix que j'en reçoi.]
C ij

L' A U R O R E.

Quand l'Amour à vos foins me forçoit de me rendre,
Aviez-vous tant d'attraits ? Suis-je aujourd'hui plus
        tendre ?
Pourquoi m'inftruifez-vous fi tard de mon bonheur?
Vos difcours m'infpiroient une tendre langueur ;
J'y voulois réfifter , fidelle à ce que j'aime :
        C'étoit vous qui dans mon cœur
        Combattiez contre vous-même.

E N S E M B L E.

Régnez, charmant Amour, fur des cœurs fatisfaits,
        De nos tourmens heureufe récompenfe !
Brillez, renouvellez pour nous tous les attraits,
        Par qui votre Empire commence.

L' A U R O R E.

Mais quelle trouppe ici s'avance !

SCENE VI.

HEBÉ, TITON, L'AURORE, NYMPHES
ET SUIVANS D'HEBÉ.

HEBÉ.

Vous voyez ma riante Cour,
Ce font moins mes Sujets , que ceux du tendre
   Amour !
Je confacre à ce Dieu leurs beaux jours, & leur zèle :
Achevez mon ouvrage , inftruifez tous les cœurs,
   Que vos immortelles ardeurs
Soient pour tous les Amans le plus parfait modéle.

L'AURORE.

Je fçai, charmante Hebé , tout ce que je vous doi.

HEBÉ, à TITON & à l'AURORE.

A votre amour conftant vous devez plus qu'à moi,

LE CHŒUR.

Lancez , charmant Amour , lancez vos traits
   vainqueurs,
Répandez vos bienfaits fans mélange de peines :
   Le feul penchant unit les cœurs,
   Le bonheur refferre leurs chaînes.
                              On danfe.

H E B É.

Aimable délire,
Que l'Amour infpire,
Enchantez nos fens:
Heureux efclavage !
Seuls biens que l'ufage
Rend plus féduifans!

L E   C H Œ U R.

Aimable délire ,   &c.

H E B É.

Que les Belles
Soient fidelles
Sans le fecours des fermens.
Jamais d'impofture,
Qu'une ardeur pure
Toujours affure
La foi des Amans.

L E   C H Œ U R,

Aimable délire , &c.

H E B É.

Si nos yeux
Allument tes feux ,
Sois leur récompenfe ;
Amour , fers nos vœux ,

Fais-nous chérir ta puiſſance,
Regne, fixe ici les Jeux.

LE CHŒUR.

Aimable délire, &c.

On danſe.

HEBÉ.

Triomphe, Amour, joui de notre hommage,
Tu lances dans ces lieux un traît toujours vainqueur.

Les Dieux n'ont rien dans leur grandeur,
Du prix de ton eſclavage :
L'Univers leur doit ſon bonheur,
Celui des Dieux eſt ton ouvrage.

Triomphe, Amour, joui de notre hommage,
Tu lances dans ces lieux un traît toujours vainqueur.

On danſe.

FIN DE LA SECONDE ENTRÉE.

APPROBATION.

J'Ai lû, par ordre de Monſeigneur le Chancelier, un Ballet en un Acte, intitulé, *TITON ET L'AURORE.* A Verſailles, ce 20 Janvier, 1751.

DEMONCRIF.

ÆGLÉ,

BALLET HEROÏQUE,

DONNÉ A VERSAILLES

En 1748. & 1750.

Et mis pour la premiere fois au Théâtre de l'Academie
Royale de Musique le Jeudy 18 Février 1751.

TROISIÉME ENTRÉE.

Les paroles de Monfieur LAUJON, Secretaire des Commandemens de S. A. S. Monfeigneur le Comte de CLERMONT.

La Mufique de Monfieur DE LA GARDE, Ordinaire de la Mufique de la Chambre du Roy.

ACTEURS

APOLLON, *sous l'habit d'un Berger & sous le nom de* MISIS,   Mr de Chassé.

ÆGLÉ, *Bergere.*   Mlle Fel.

LA FORTUNE.   Mlle Jaquet.

GENIES suivans de la Fortune.

BERGERS & BERGERES.

DIVINITÉS CHAMPESTRES.

PERSONNAGES DANSANS.

SUIVANS DE LA FORTUNE.

Mr. D U P R E'.

Mr. LE LIEVRE, Mlle. LABATTE.

Mr. V E S T R I S.

Mrs. Cailléa, Bourgeois, Gobert, Martinet.

Mlles. Brifeval, Sauvage, Defchamps, Coupée.

B E R G E R S & B E R G E R E S.

Mr. L A N Y. Mlle. L A N Y.

Mrs. Laurent, Beat, Mergerie,

Mlles. Courcelles, Dazenoncourt, Victoire.

F A U N E S & D R Y A D E S.

Mr. T E S S I E R.

Mr. L A V A L, Mlle. C A R V I L L E.

Mrs. Dupré, Feuillade, Saunier.

Mlles. Beaufort, Bellenot, Defirée.

ÆGLÉ
TROISIÉME ENTRÉE.

*Le Théâtre repréfente un Verger ; le fond eft occupé
par le Temple de la Fortune.*

SCENE PREMIERE.
ÆGLÉ feule.

AH ! Que ma voix me devient chere,
   Depuis que mon Berger fe plaît à la
former.
Amour, rens mes accens dignes de le charmer :
   C'eft peu, c'eft trop peu de lui plaire ;
   Ne pourrai-je point l'enflamer ?

   Lorfque Mifis dans ce Bocage
Vint prêter à mes chants un charme plus flatteur,
   Amour, c'étoit le plus doux efclavage
   Que tu préparois à mon cœur.

Ah ! Que ma voix me devient chere,
Depuis que mon Berger se plaît à la former.
Amour, rens mes accens dignes de le charmer ;
C'est peu, c'est trop peu de lui plaire ;
Ne pourrai-je point l'enflamer ?

Une Symphonie annonce l'arrivée de la FORTUNE.

La Fortune paroît ! Cher Amant que j'adore,
Le plaisir de te voir s'éloigne donc encore !

Elle sort.

SCENE II.

LA FORTUNE, CHŒUR DE GENIES,
SUIVANS DE LA FORTUNE.
L E   Ç H Œ U R.

Fortune', écoutez-nous, répondez à nos vœux :
Nos cœurs, où régne l'inconstance,
Ne peuvent plus longtems se fixer en ces lieux.
Volons, éloignons-nous, répondez à nos vœux :
Servez mieux notre impatience.

Les Suivans par leurs Danses expriment leur impatience.

L A   F O R T U N E.

O vous, que le Destin enchaîne sur mes pas.
Esprits impatiens, Troupe aveugle & volage,
Ne murmurez pas davantage

ÆGLÉ.

De me voir si longtems habiter ces climats.
Je ne suis plus cette fiere Déesse,
Maîtresse de changer à mon gré l'Univers.
Un Berger me donne des fers,
Et le cruel encor résiste à ma tendresse.

LE CHŒUR.

D'une funeste flamme il faut vous dégager :
Le plaisir sur vos pas régne avec l'abondance.
Fuyez l'Ingrat qui vous offense ;
C'est le punir, c'est vous venger.
Fuyez l'Ingrat qui vous offense.

LA FORTUNE.

Pour être ingrat, en sçait-il moins charmer ?
Le doux espoir de l'enflamer
Me fait trouver mille appas dans ma peine :
Pour être ingrat, en sçait-il moins charmer ?
Malgré les rigueurs de ma chaîne,
Je fais encore mon bonheur de l'aimer.
Pour être ingrat, en sçait-il moins charmer ?

à part.

Mais il vient. Ah ! l'Amour peut-être le rameine.

à sa Suite.

Eloignez-vous.

La Suite de la FORTUNE se retire.

SCENE III.
LA FORTUNE, MISIS.

M I S I S à part.

LA Fortune en ces lieux !
Sous cet habit ruſtique, & peu fait pour les Dieux,
Apollon à ſon cœur n'offre que trop de charmes.

L A F O R T U N E.

Tu crains de paroître à mes yeux :
Tu vas renouveller mes mortelles allarmes.

Ah ! Si tu ne viens point répondre à mon ardeur,
A mes regards pourquoi t'offrir encore ?
Ta vûe eſt trop funeſte au repos de mon cœur :
Elle va redoubler le feu qui le dévore.
Ah ! Si tu ne viens point répondre à mon ardeur,
A mes regards pourquoi t'offrir encore ?

M I S I S.

Pourquoi chercher à m'engager ?
C'eſt un plaiſir pour vous de devenir volage :
L'inconſtance eſt votre partage ;
L'Amour conſtant eſt celui d'un Berger.
Pourquoi chercher à m'engager ?

LA

LA FORTUNE.

Cette legereté dont ton amour s'offense ;
Eſt un titre nouveau qui te parle pour moi.
Je vois tous les Mortels avec indifférence ;
    Ils éprouvent mon inconſtance ;
Cœur ingrat ! Je ne ſuis conſtante que pour toi.
Cette legereté dont ton amour s'offense ,
Eſt un titre nouveau qui te parle pour moi.

MISIS.

Ah ! C'eſt trop feindre; j'aime, & ne dois plus le taire.

Lorſque vous quittez tout pour l'Objet de vos feux.
Ne me dites-vous pas ce que mon cœur doit faire ?
    Ah ! Conſultez les yeux de ma Bergere ;
    Ils vous le diront encore mieux.

Æglé tient tous ſes biens des mains de la nature ;
    Sa richeſſe , c'eſt la beauté :
L'art ne releve point l'éclat de ſa parure :
Des fleurs ſont l'ornement de ſa ſimplicité ;
Et ſon cœur , qui jamais ne connut l'impoſture ,
    Que rien encore n'a pu charmer,
    Eſt le prix que l'Amour aſſure
Au Berger trop heureux qui pourra l'enflamer.

LA FORTUNE.

C'eſt trop entendre un Ingrat qui m'offense.

B

C'eſt aſſez ; je dois vaincre une inutile ardeur.
C'eſt déformais aux traits de ma vengeance,
Que tu reconnoîtras les tranſports de mon cœur.

elle ſort.

M I S I S

Ah ! Je crains ton courroux bien moins que ta
conſtance.

SCENE IV.
M I S I S ſeul.

Paiſibles Bois , Vergers délicieux,
J'abandonne pour vous le ſéjour du Tonnerre.
J'ai laiſſé mon rang dans les Cieux ;
Tous mes plaiſirs ſont ſur la Terre.

Æglé me croit Berger ; que mon cœur eſt flaté !
Mon rang eſt un ſecret qu'il faut que je lui cele,
Même après ma felicité.

Comme Berger , je goûterai près d'elle
Les plaiſirs de l'amour & de l'égalité ;
Et ſi je me ſouviens de ma Divinité,
Ce ſera pour brûler d'une ardeur éternelle.

Paiſibles Bois , *&c.*

Mais Æglé porte ici ſes pas....

SCENE V.
ÆGLÉ, MISIS.
MISIS.

AH! Je vous attendois, Bergere.

ÆGLÉ.

Hélas! Dans ces Vergers je ne vous croyois pas.

MISIS.

J'y viens quand le jour les éclaire,
Animé par l'espoir d'entendre votre voix.

ÆGLÉ.

C'est vous qui la formez : oui, si ma voix peut plaire,
C'est à vous seul, Misis, que je le dois.

Un jour que je chantois sous ces naissans ombrages,
Tous les Oiseaux de ces Bocages
Formerent à l'envi les concerts les plus doux.
Je crus qu'ils imitoient, dans leurs tendres ramages,
Les leçons que je tiens de vous.

MISIS.

Que mon cœur est flaté d'un si charmant langage !

Quand je ne vous vois pas,
Des airs que j'ai choisis, je vous offre l'hommage.

D'un tendre souvenir je goûte les appas.
     Mon cœur ainsi se dédommage
Des douceurs que je perds quand je ne vous vois pas.

Æ G L É.

Et quand vous me quittez, je m'occupe sans cesse
A répéter les airs dont vous avez fait choix.
Mais, quelques doux qu'ils soient, j'y trouve une
     tristesse
Qu'ils n'ont pas quand tous deux nous unissons nos
     voix.

M I S I S.

Nos Bergers, l'autre jour, m'apprirent un air tendre.
Un air simple & touchant, il semble fait pour nous,
Il convient à nos voix: ce qui peut vous surprendre,
J'y place votre nom.

Æ G L É.

Mon nom ?

M I S I S.

               Daignez m'entendre.
Je chante toûjours mieux, quand je chante pour vous.

Mais non, suivez plutôt une route plus sûre :
Avant d'imiter l'art, consultez la nature.
Chantez, ne craignez rien; tout par vous s'embellit.

Il lui donne la Chanson.

ÆGLÉ chante d'une voix timide.

» Que je vous aime !
» Je vous inftruis, enfin, de mon amour extrême.
» Il eft tems de parler, lorfque tout me trahit ;
» Le trouble de ma voix, mes yeux... Ah ! Tout
vous dit :
» Que je vous aime !
» Æglé, que je vous aime !

MISIS, lui donnant leçon.

» Que je vous aime,
» Æglé, que je vous aime.

ÆGLÉ.

Vous n'êtes pas content ? vous blâmez, je le vois,
Mes fons mal affûrés.... Le trouble de ma voix.

MISIS.

Ils m'enchantent.....

ÆGLÉ.

Mifis, parlez-moi fans myftére.

MISIS.

Cette timidité me paroît neceffaire.
On doit être timide en avouant fes feux.

ÆGLÉ.

Ah ! Vous me raffurez.

M I S I S.

Je me plains de vos yeux:
Les miens expriment mieux...» Æglé, que je vous
aime !

Æ G L É.

Je les regarderai pour m'exprimer de même.

M I S I S, *continuant la leçon.*

» Que je vous aime ,
Æglé, que je vous aime !

Æ G L É, *prononce le nom de son Amant, au
lieu de celui de la Chanson.*

» Que je vous aime ,
Misis ! ...

M I S I S.

Dieux !

Æ G L É.

Ciel ! Qu'ai-je fait ?

M I S I S *à ses genoux.*

Mon bonheur.

Æ G L É.

Ah ! Je vous regardois, vous paroissiez sincere ;
Comment ne pas trahir le secret de mon cœur ?

M I S I S.

Pour former votre voix, l'art eſt-il néceſſaire ?
C'eſt votre cœur que je voulois former.

Æ G L É.

Eh ! Je n'apprenois l'art de plaire,
Que pour apprendre à vous charmer.

E N S E M B L E.

Pour toujours l'Amour nous enflame,
Ce Dieu peut-il unir deux Amants plus parfaits ;
Non, ſi j'en dois juger par mon ame
Vous ne changerez jamais.

Tendre Amour dans vos chaînes,
Tout, juſqu'à vos peines,
Nous fait mieux goûter vos bienfaits.

On entend une Simphonie qui ſort du Temple de la Fortune.

Dieux ! Quels ſons pleins d'attraits !

SCENE VI.

Le Temple de la Fortune s'ouvre. Cette Déeſſe y paroît au milieu de ſa Suite, qui offre aux yeux des Bergéres ſes Tréſors les plus éclatans.

LA FORTUNE, ÆGLÉ, MISIS, CHŒUR de Bergeres & de Suivans de la Fortune.

CHŒUR de Bergeres.

Courons, volons dans ces Forêts.

CHŒUR de ſuivans de la Fortune	CHŒUR de Bergeres.
Triomphez, Fortune brillante :	Que d'aimables concerts?
Des Plaiſirs la Troupe riante	Quel éclat nous enchante!

Embellit le ſéjour où vous portez vos pas ,
Et vole loin des lieux où vous ne regnez pas.

Danſe des Suivans de la Fortune.

LA FORTUNE aux Bergeres.

Je diſpoſe à mon gré des Tréſors de la Terre.
Si mes biens vous ſont chers, je les offre à vos cœurs.
Abandonnez pour moi tout ce qui peut vous plaire,
Bergeres, à ce prix on obtient mes faveurs.

On danſe.

C H Œ U R DE BERGERES.

Soumettons-nous à sa puissance :
Que de biens elle dispense !
Qu'elle régne à jamais
Sur nos cœurs satisfaits.

Elles se rendent au Temple de la Fortune.

Æ G L É seule reste.

L A F O R T U N E, *à part.*

Æglé ne les suit point !

M I S I S.

Dieux ! que vois-je ?

L A F O R T U N E *à* E G L É.

Bergere,
L'éclat de mes bienfaits n'éblouit point vos yeux ?

Æ G L É.

Il en est de plus chers.

L A F O R T U N E, *à part.*

De plus chers ? Justes Dieux !

Æ G L É.

J'ai le cœur d'un Berger sincere.
Nos Troupeaux sont nos biens ; nous vivons sans
désirs.   C

Bien aimer, voilà mes plaifirs :
Mifis, ma gloire eft de vous plaire.

L A   F O R T U N E.

Triomphe, Ingrat, vois mon dépit affreux.
Oui, je voulois ravir ta Bergere à tes feux.
Il eft un cœur conftant, & l'Amour te le donne.

à fa Suite.

Portons loin de ces lieux ma honte & ma douleur.

A u x   B e r g e r e s.

Vous, ne me fuivez pas, témoins de mon malheur,
Bergeres, je vous abandonne :
Vous pourriez de mes maux me retracer l'horreur.

Elle fort, & fon Temple difparoît.

M I S I S.

Dans vos Hameaux vivez tranquiles ;
Ils offrent à vos cœurs des biens plus précieux.
Et vous, qu'elle exiloit de ces charmans aziles,
Dieux des Bois, revenez ; celebrez par vos jeux
L'Amour qui pour jamais l'éloigne de ces lieux.

Danfe de Divinités Champêtres.

Æ G L É.

Du Dieu qui régne fur nos ames,
La gloire eft de nous rendre heureux :

Jeunes Cœurs qui craignez ſes flames,
Voyez nos plaiſirs dans nos yeux.

ÆGLÉ & MISIS.

Que notre chaîne ſera belle !
Vous m'aimez , je vous ſuis fidelle.

MISIS.

L'Amour comble tous nos deſirs ;
Il va nous rendre heureux ſans ceſſe.

Æ G L É.

Que nous importe la richeſſe ?
Les vrais biens ſont les plaiſirs.

ENSEMBLE.

Du Dieu qui régne ſur nos ames ,
La gloire eſt de nous rendre heureux :
Jeunes Cœurs qui craignez ſes flames ,
Voyez nos plaiſirs dans nos yeux.

On danſe.

LE CHŒUR.

Au ſon de nos Chalumeaux ,
Rions, chantons ſous ces Ormeaux :
Vole, Amour, vole en ces lieux ;
Regne en nos jeux.

FIN DE LA TROISIÉME ENTRÉE.

APPROBATION.

J'Ai lû par ordre de Monseigneur le Chancelier, un Ballet en un Acte, intitulé *ÆGLE'*. A Versailles, le 10 Janvier, 1751.

DEMONCRIF.

Le Privilége est à la fin des autres Opera.

9 782329 676531